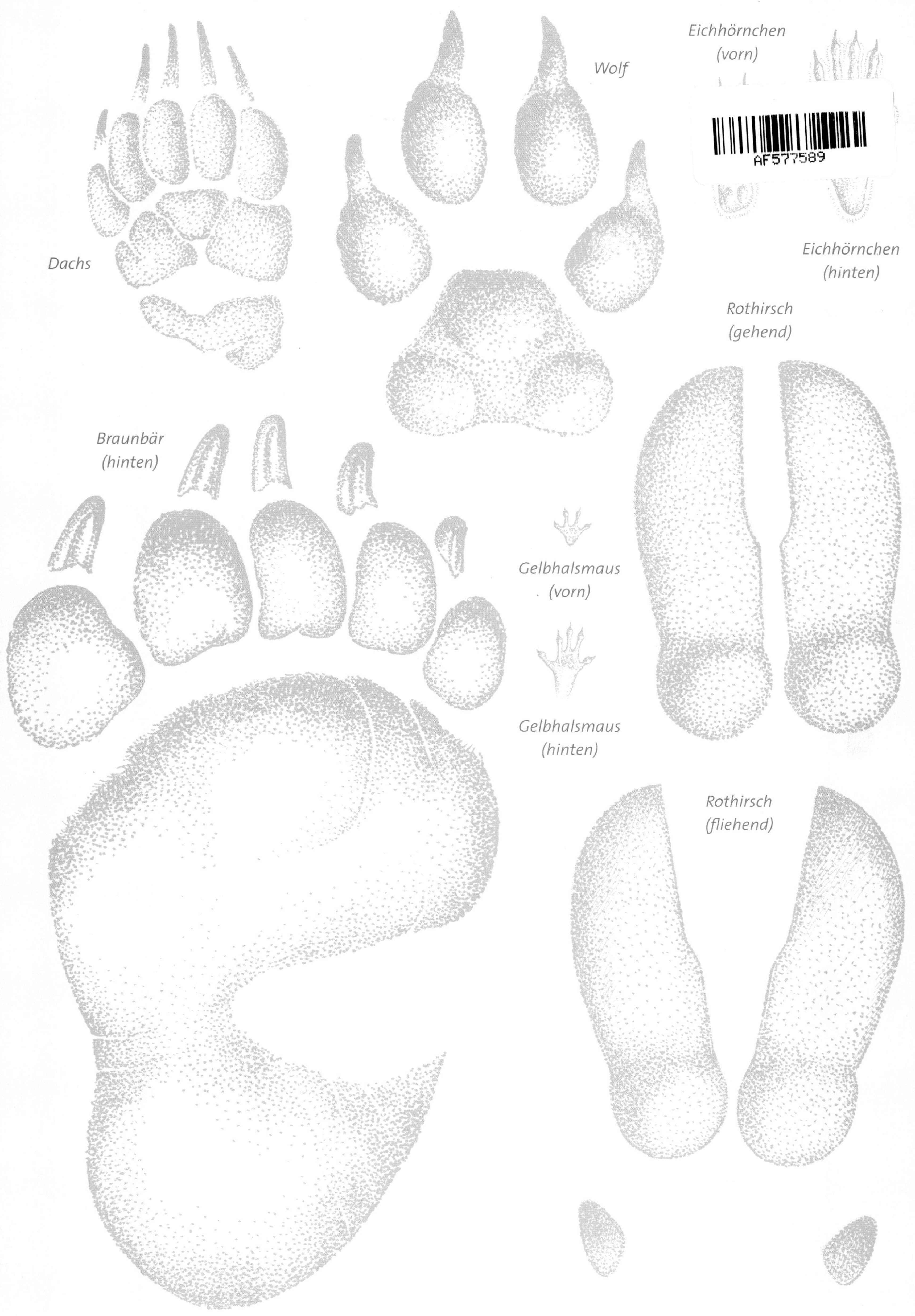
Wolf
Eichhörnchen
(vorn)
AF577589
Dachs
Eichhörnchen
(hinten)
Rothirsch
(gehend)
Braunbär
(hinten)
Gelbhalsmaus
(vorn)
Gelbhalsmaus
(hinten)
Rothirsch
(fliehend)

Tiere des Waldes

Holger Haag

LEBENS GROSS

Tiere des Waldes

Mit Illustrationen von
Manfred Rohrbeck

COPPENRATH

VORWORT

Einem echten Wolf begegnen? Plötzlich einem Bären gegenüberstehen? Oder einem Reh in die großen Augen blicken? So etwas ist in freier Wildbahn fast unmöglich. Denn die meisten Tiere sind sehr scheu und verstecken sich vor uns Menschen. In diesem Buch jedoch sehen sie uns direkt an. Auge in Auge, ganz nah. Und sie sind so groß dargestellt, wie sie in Wirklichkeit sind. Lebensgroß!

Natürlich passt nicht jedes der Tiere auf eine Buchseite. In diesen Fällen ist immer nur das Gesicht lebensgroß gezeichnet. Das komplette Tier kannst du dir verkleinert auf der jeweils folgenden Seite anschauen. Dort werden außerdem einzelne Körperteile in Lebensgröße gezeigt, zum Beispiel die mächtige Pranke eines Bären, die spitzen Zähne eines Luchses oder die Geweihstange eines Rothirsches.

Genauso wie nicht alle Menschen einer Familie gleich aussehen, unterscheiden sich auch die Tiere einer Art: Es gibt kleinere und größere, schlankere und dickere. Ebenso wenig gleichen sich Fellfarben oder Federformen: Während der eine Fuchs eher hell gefärbt ist, hat der andere vielleicht dunklere Beine und auch einen dunklen Schwanz. In diesem Buch sind die Tiere so illustriert, wie die meisten ihrer Art aussehen.

INHALT

DAS REH

Capreolus capreolus

DAS REH

Capreolus capreolus

STECKBRIEF

Das Reh in Zahlen

Länge: 95 bis 135 cm
Gewicht: 20 bis 30 kg
Geschwindigkeit: bis 60 km/h
Alter: bis 20 Jahre

Aussehen

Im Sommer ist das Fell rotbraun, im Winter graubraun. Die helle Stelle rund um den Schwanz heißt Spiegel. Wenn das Reh fliehen muss, folgt es den Spiegeln der anderen Rehe – so bleiben alle zusammen. Das Männchen trägt ein kleines Geweih auf dem Kopf.

Lebensraum

Das Reh lebt in Wäldern oder Waldrandgebieten, besiedelt aber auch offene Landschaften wie Felder, Wiesen und Weiden – Hauptsache, es findet genug Versteckmöglichkeiten, etwa Feldgehölze. Schneereiche Gebiete meidet das Reh.

Verhalten

In der warmen Jahreszeit begegnen sich Männchen (Rehbock) und Weibchen (Ricke) nur kurz, um sich zu paaren. Danach trennen sich ihre Wege wieder. Lediglich die Jungtiere (Rehkitze) leisten ihrer Mutter Gesellschaft. Im Winter dagegen schließen sich mehrere Rehe zu größeren Gruppen zusammen.

Nahrung

Das Reh frisst morgens, mittags und abends frische Gräser, Kräuter, Blätter und Knospen. Anschließend legt es sich zum Wiederkäuen an einen geschützten Platz.

Nachwuchs

Im Mai und Juni werden ein bis drei Junge geboren. In den ersten Tagen bleibt das Rehkitz in seinem Versteck, die Mutter kommt nur zum Säugen. Im nächsten Frühjahr sucht sich das junge Reh ein eigenes Revier.

UNSICHTBAR

Eigentlich müsste das Rehkitz für Wolf, Fuchs und Hund eine leichte Beute sein. Schließlich kann es noch nicht so schnell galoppieren wie ein erwachsenes Reh. Dennoch wird es nur selten von einem Feind ergriffen – aus zwei Gründen: Zum einen ist das Rehkitz mit seiner gefleckten Oberseite am Waldboden und auf Blumenwiesen sehr gut getarnt. Zum anderen verströmt es keinen Geruch, nachdem es von seiner Mutter sauber geleckt worden ist.

gehend *fliehend*

LAUTSTARK

Das Reh ist ein sehr scheues Tier, das sich sehr leise und möglichst unbemerkt durchs Unterholz bewegt. Wenn es jedoch aufgeschreckt wird, stößt es einen bellenden Laut aus. So gibt es einem möglichen Feind zu verstehen, dass es ihn erkannt hat. Auf die gleiche Weise teilt es seinen Artgenossen mit, wo es sich gerade aufhält.

VIELSEITIG

Der Huf des Rehs ist klein und schmal. Wenn es läuft, stehen die beiden Klauen dicht beieinander. Auf der Flucht bilden sie ein V. Das Reh benutzt seine Hufe sowohl als Werkzeug, um zum Beispiel Schnee beiseite zu schaufeln, als auch als Waffe, um sich gegen Feinde zu wehren.

Huf des Rehs

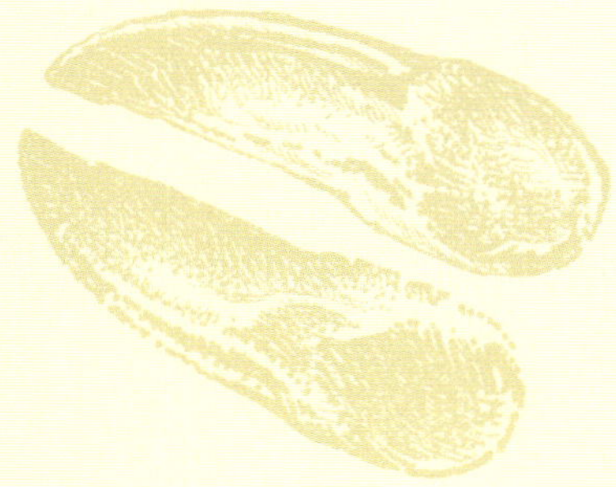

ZAHNLOS

Das Reh hat zwar Schneidezähne, aber nur im Unterkiefer. Vorn im Oberkiefer befindet sich stattdessen eine Hornplatte. Daher kann das Reh Gras oder Kräuter nicht abbeißen, sondern nur abzupfen. Hinter den Schneidezähnen klafft eine zahnlose Lücke, bevor weiter hinten breite Backenzähne wachsen, mit denen das Reh sein Futter zermalmt.

SPEZIALWISSEN

Ein Reh, das 20 kg wiegt, braucht etwa ***2 bis 4 kg Futter*** *am Tag. Auf einen erwachsenen Menschen mit 70 kg Körpergewicht umgerechnet, wären das* ***7 bis 14 kg Nahrung*** *am Tag.*

DER BUNTSPECHT

Dendrocopos major

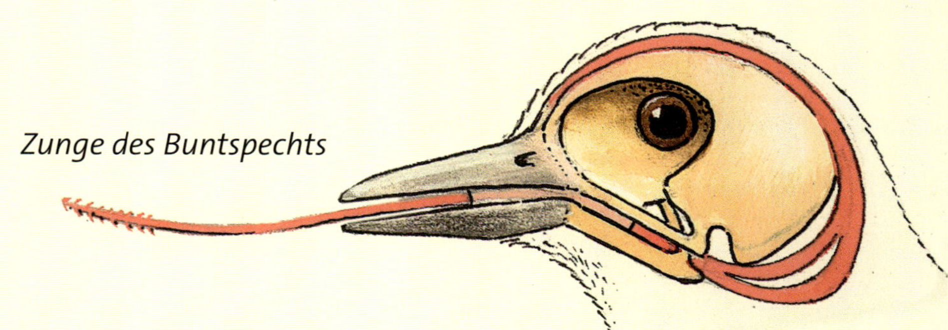

Zunge des Buntspechts

STECKBRIEF

Der Buntspecht in Zahlen
Länge: 23 cm (mit Schwanz)
Spannweite: 34 bis 39 cm
Gewicht: 60 bis 90 g
Alter: bis 10 Jahre

Aussehen
Die Oberseite des Buntspechts ist schwarz mit weißen Flecken, die Unterseite weiß mit roten Unterschwanzfedern. Das Männchen hat außerdem einen roten Fleck am Nacken.

Lebensraum
Der Buntspecht lebt in Wäldern, Feldgehölzen und Parks. Wichtig ist, dass es genug Bäume gibt, in die er eine Höhle bauen kann.

Verhalten
Wenn der Buntspecht im Frühling seine Bruthöhle in einen alten Baum mit weichem Holz hämmert, ist er weithin zu hören. Nach der Aufzucht der ersten Jungen brüten einige Weibchen mit einem jüngeren Männchen in einer anderen Höhle noch einmal.

Nahrung
Mit seinem kräftigen Schnabel hackt und pickt der Buntspecht Insekten und Larven aus morschem Holz. Im Winter frisst er auch Nüsse, Beeren und Fichtensamen. Manchmal plündert er die Nester anderer Vögel.

Nachwuchs
Das Weibchen legt zwischen vier und sieben weiße Eier. Im Alter von vier Wochen verlassen die jungen Spechte ihre Höhle und gehen ihre eigenen Wege.

SPEZIALWISSEN

Der Buntspecht kann seine Zunge 4 cm weit herausstrecken – eine sehr ***lange Zunge*** *für einen kleinen Vogel. Ein 1,70 m großer Mensch müsste demnach eine 28 cm lange Zunge haben.*

STOSSDÄMPFER

Obwohl der Buntspecht seinen Schnabel fast jeden Tag mit voller Wucht ins Holz schlägt, bekommt er keine Kopfschmerzen. Warum nicht? Sein Schnabel ist besonders robust und hat eine Art Stoßdämpfer. Außerdem liegt das empfindliche Gehirn des Buntspechts so, dass es von den Stoßwellen nur wenig erschüttert wird.

KLETTERFÜSSE

Der Buntspecht hat Kletterfüße. Zwei Zehen zeigen nach vorn, zwei nach hinten. So findet der Vogel an Baumstämmen perfekten Halt. Darüber hinaus kann er sich mit seinen langen Schwanzfedern abstützen.

NASENFEDERN

Wenn der Buntspecht eine Höhle hämmert, fliegen viele kleine Holzstücke herum. Damit sie nicht in seine Nasenlöcher gelangen und ihn beim Atmen behindern, hat der Buntspecht kleine Federn in der Nase, die wie ein Filter wirken.

DER WASCHBÄR

Procyon lotor

DER WASCHBÄR

Procyon lotor

Vorderpfote des Waschbären

FÜHLEN

Wie viele andere Säugetiere auch hat der Waschbär Fühl- und Tasthaare, sogenannte Vibrissen. Die Schnurrhaare an der Schnauze spüren die leichtesten Luftbewegungen und helfen dem Waschbären zum Beispiel dabei, im Dunkeln die Breite eines Durchgangs zu messen. Darüber hinaus hat der Waschbär Tasthaare oberhalb der Krallen. Damit erkennt er Dinge, bevor er sie anfasst – er „sieht" also mit den Pfoten.

ENTKOMMEN

Eigentlich stammt der Waschbär aus Nordamerika. Weil sein dichtes Fell sehr begehrt war, holten Pelzzüchter ihn Ende der 1920er Jahre nach Deutschland. 1934 setzte ein Förster zwei Pärchen am Edersee in Hessen aus. Noch heute gilt die hessische Stadt Kassel als Hauptstadt der Waschbären. Andere Tiere entkamen rund um Berlin verschiedenen Pelztierfarmen und breiteten sich von dort aus.

STECKBRIEF

Der Waschbär in Zahlen

Länge: 45 bis 60 cm (ohne Schwanz)
Schwanz: 25 cm
Gewicht: 4 bis 10 kg
Geschwindigkeit: bis 25 km/h
Alter: bis 16 Jahre

Aussehen

Der Waschbär ist leicht an seiner schwarzen Augenbinde und der schwarzen Nase im hellen Gesicht zu erkennen. Der buschige Schwanz ist schwarz-weiß gestreift, das restliche Fell grau und langhaarig, nur die hellen Vorderpfoten haben kurze Haare.

Lebensraum

In Wäldern mit Teichen und Bächen fühlt sich der Waschbär am wohlsten, manchmal lebt er auch in der Stadt. Er ist sehr anpassungsfähig.

Verhalten

Der Waschbär ist gern allein unterwegs, mag aber auch Gesellschaft. Miteinander verwandte Weibchen (Fähen) wohnen in enger Nachbarschaft, die Männchen (Rüden) schließen sich zu kleinen Gruppen zusammen. Der Waschbär ist dämmerungs- und nachtaktiv. Im Winter bewegt er sich möglichst wenig und zehrt von seinem Winterspeck.

Nahrung

Dem Waschbären schmecken sowohl Pflanzen als auch Fisch und Fleisch. Er ist ein Allesfresser.

Nachwuchs

Im April oder Mai bringt das Weibchen zwei bis vier Junge in einer Baumhöhle zur Welt. Nach sechs bis acht Wochen wagen sich die Jungen zum ersten Mal aus ihrer Höhle. Im Herbst trennen sie sich von ihrer Mutter.

HÖREN

Als nachtaktives Tier hat der Waschbär gute Ohren, die auch sehr hohe Töne im sogenannten Ultraschallbereich hören. So kann der Waschbär Gefahren frühzeitig wahrnehmen – und auch Futter finden: Der Waschbär hört, wo genau im Boden gerade ein Regenwurm entlangkriecht.

DENKEN

Der Waschbär ist sehr intelligent. Verhaltensforscher haben festgestellt, dass er sich die Lösungen verschiedener Aufgaben bis zu drei Jahre lang merken kann. Neues lernt er so schnell wie ein Rhesusaffe. Weil der Waschbär so klug ist, kommt er auch gut in der Stadt zurecht. Seine Lautäußerungen sind ausgeklügelt: Der Waschbär kann schnurren, fauchen, knurren, zischen und kreischen.

WASCHEN?

Dass der Waschbär seine Nahrung wäscht, stimmt nicht. Vielmehr untersucht er sein Futter, indem er es mit seinen geschickten Fingern hin und her dreht. Und da er sein Futter gern in Gewässern sucht, sieht es manchmal so aus, als würde er es waschen.

SPEZIALWISSEN

*Damit er den Winter gut übersteht, frisst sich der Waschbär im Herbst eine dicke Speckschicht an und nimmt dabei bis zu **50 % seines Körpergewichts** zu. Ein 30 kg schweres Kind müsste demnach innerhalb weniger Wochen 15 kg mehr auf die Waage bringen.*

DER IGEL

Erinaceus europaeus

Stacheln in vergrößerter Darstellung

STECKBRIEF

Der Igel in Zahlen
Länge: 22 bis 33 cm
Gewicht: 700 bis 1500 g
Geschwindigkeit: bis 3,5 km/h
Alter: bis 7 Jahre

Aussehen
Nur ein einziges heimisches Tier trägt Stacheln auf seiner Oberseite: der Braunbrustigel. Die Schnauze ist lang, die Ohren sind klein, die Beine kurz.

Lebensraum
Abwechslungsreiche Landschaften mit offenen Flächen, Büschen, Hecken und Waldrändern mag der Igel am liebsten. Außerdem zählen häufig Gärten und Parks zu seinem Revier.

Verhalten
Der Igel ist ein Einzelgänger, nur während der Paarungszeit zwischen Mai und August kommen Männchen und Weibchen kurz zusammen. Den Tag verbringt der Igel schlafend in seinem Nest, zum Beispiel in einem Gebüsch oder Holzstapel. Nachts geht er auf Nahrungssuche.

Nahrung
Zu den Lieblingsspeisen des Igels gehören alle Arten von Krabbeltieren: Insekten, Regenwürmer und Schnecken. Manchmal frisst er auch Vogeleier und Küken.

Nachwuchs
Zwischen Juli und September werden im Versteck vier bis sieben Junge geboren. Im Alter von etwa vier Wochen versuchen die Kleinen, selbst Nahrung zu finden, werden aber noch weiter von ihrer Mutter gesäugt. Ab Oktober sind die jungen Igel auf sich allein gestellt.

STACHELN

Bei seiner Geburt hat der Igel 100 weiche Stacheln, die unter seiner Haut liegen. Später richten sie sich auf und werden härter. Ein erwachsener Igel trägt bis zu 8000 Stacheln auf seiner Oberseite. Droht Gefahr, stellt er sie auf und rollt sich zu einer wehrhaften Kugel zusammen.

HERZSCHLÄGE

Von November bis April hält der Igel Winterschlaf. Dafür frisst er sich im Herbst eine dicke Speckschicht an und zieht sich in sein Laubnest zurück. Um diese lange Zeit zu überleben, verbraucht der Igel so wenig Energie wie möglich: Seine Körpertemperatur sinkt von 36 auf 8 Grad, er atmet nur noch zweimal pro Minute und sein Herzschlag geht von 300 auf 5 bis 18 Schläge pro Minute zurück.

FEINDE

Ein gesunder Igel hat dank seines Stachelpanzers kaum Feinde. Nur der Uhu und der Dachs können mit ihren langen Krallen die Panzerung durchdringen. Andere Raubtiere haben lediglich dann eine Chance, wenn der Igel geschwächt ist oder sie spezielle Tricks kennen wie der Fuchs (Seite 21).

SPEZIALWISSEN

Um genug Nahrung zu finden, läuft der kleine Igel mit seinen kurzen Beinen ***in einer Nacht 2 bis 3 km weit****. Ein Mensch müsste demnach jeden Tag 10 bis 15 km zu Fuß zurücklegen.*

DER FUCHS

Vulpes vulpes

DER FUCHS

Vulpes vulpes

STECKBRIEF

Der Fuchs in Zahlen
Länge: 65 bis 75 cm (ohne Schwanz)
Schwanz: 35 bis 45 cm
Gewicht: 6 bis 10 kg
Geschwindigkeit: bis 50 km/h
Alter: bis 13 Jahre

Aussehen
Der Fuchs hat ein orangerotes Fell. Nur Bauch und Kehle sind weiß, die Beine oft dunkel gefärbt. Der buschige Schwanz ist fast genauso lang wie der Körper und hat eine weiße Spitze.

Verhalten
Wenn der Fuchs durch sein Revier streift, ist er entweder allein unterwegs oder gemeinsam mit seiner Familie. Sein Bau befindet sich unter der Erde. Er besteht aus einer Wohnhöhle mit abzweigenden Röhren. Nachts und in der Dämmerung geht der Fuchs auf die Jagd, tagsüber döst er im Schatten oder in seinem Bau.

Lebensraum
Da er sich gut anpassen kann, lebt der Fuchs nicht nur in Wäldern und offenen, buschreichen Landschaften, sondern manchmal auch in der Stadt.

Nahrung
Seine Hauptnahrung sind Mäuse, Regenwürmer, Insekten und junge Kaninchen oder Hasen. Im Sommer lässt sich der Fuchs auch reifes Obst schmecken, zum Beispiel Kirschen, Pflaumen und Mirabellen.

Nachwuchs
Im März oder April bekommt das Weibchen (die Fähe) vier bis sechs Junge (Welpen). Nach einem Monat verlassen sie zum ersten Mal den Bau. Im Herbst begeben sich die jungen Füchse auf die Suche nach einem eigenen Revier.

KUSCHELIG

Ist das Fell im Sommer noch kurz und stumpf, bekommt der Fuchs im Herbst ein dickes, glänzendes Winterfell. Früher wurde er wegen seines warmen Pelzes oft gejagt. Zu den wertvollsten Pelzen gehörte eine besondere Farbvariante des Fuchses: der Silberfuchs. Sein langer buschiger Schwanz dient dem Fuchs als Kopfkissen, Balancierstange und Kommunikationsmittel: Stellt er seinen Schwanz und seine Ohren auf, signalisiert er anderen Füchsen seine Überlegenheit. Klappt er seinen Schwanz unter den Bauch und legt die Ohren an, fühlt er sich unterlegen.

HEIMELIG

Nur selten gräbt sich der Fuchs seinen Bau komplett selbst. Meist zieht er in einen alten Dachs- oder Kaninchenbau ein und baut ihn noch ein wenig um. In besonders großen Dachsbauen wohnen Dachs und Fuchs auch gemeinsam. Manchmal leben sogar Brandgänse und Kaninchen dort. Erstaunlich: Im Bau und um den Bau herum verzichtet der Fuchs darauf, sie zu jagen – es herrscht Burgfrieden.

LISTIG

Trick Nr. 1:
Will der Fuchs eine Krähe erbeuten, stellt er sich tot und wartet, bis sie in seine Nähe kommt. Sobald sie nah genug ist, packt er sie. Krähen sind Allesfresser und fressen auch Tiere, die sie tot vorfinden.

Trick Nr. 2:
Manchmal möchte sich der Fuchs einen Igel schmecken lassen. Damit das zusammengerollte Stacheltier seinen ungeschützten Bauch freigibt, schubst der Fuchs es ins Wasser.

Schwanzspitze des Fuchses

NACHTSICHTIG?

Der Fuchs zählt zu den Hunden. Dennoch ähneln seine Pupillen denen einer Katze. Scheint die Sonne oder ist der Fuchs im Schnee unterwegs, verengen sie sich zu schmalen, senkrechen Schlitzen. So gelangt nur wenig Licht in die extrem lichtempfindlichen Augen, die ideal für die Jagd im Dunkeln geeignet sind.

SPEZIALWISSEN

Der Fuchs kann in sehr kleine Löcher kriechen und sich zum Beispiel ***durch ein Loch im Zaun zwängen****, das nicht größer als ein Einmachglas ist. Das ist möglich, weil sein breitestes Körperteil der recht schmale Kopf ist. Beim Menschen sind es die Schultern oder die Hüfte.*

DAS EICHHÖRNCHEN

Sciurus vulgaris

STECKBRIEF

Das Eichhörnchen in Zahlen
Länge: 20 bis 25 cm (ohne Schwanz)
Schwanz: 15 bis 20 cm
Gewicht: 200 bis 400 g
Geschwindigkeit: bis 25 km/h
Alter: bis 10 Jahre

Aussehen
Am auffälligsten ist der lange buschige Schwanz. Das Fell ist meist rötlich. Eichhörnchen, die in dunklen Nadelwäldern leben, haben oft ein dunkleres Fell. Im Winter wird es dichter und an den Ohren wachsen lange Haare (Pinselohren).

Lebensraum
Das Eichhörnchen ist vor allem in Wäldern und Parks zu Hause.

Nahrung
Hauptnahrung des Eichhörnchens sind Haselnüsse, Walnüsse, Bucheckern und die Samen aus Zapfen. Außerdem mag es Knospen, Pilze, Obst und Insektenlarven. Im Frühjahr frisst es auch Eier und Küken.

Verhalten
Die meiste Zeit des Jahres ist das Eichhörnchen ein Einzelgänger. Nur im Frühjahr verbringen Männchen und Weibchen eine kurze Zeit zusammen. Sie paaren sich und bauen hoch oben in einem Baum ein rundes Nest aus Zweigen, den Kobel. Nach der Geburt der Jungen wird das Männchen aus dem Revier verjagt. Das Eichhörnchen hält Winterruhe.

Nachwuchs
Sechs Junge kommen im Frühling nackt und blind zur Welt. Nach einem Monat öffnen sie ihre Augen, zwei Wochen später verlassen sie zum ersten Mal den Kobel. Wenn sie zehn Wochen alt sind, suchen sie selbst nach Futter.

SPEZIALWISSEN

Das Eichhörnchen hat ein sehr dichtes Fell mit sehr feinen Haaren. ***Auf 1 cm² wachsen 8000 bis 10 000 Haare.*** *Auf dem Kopf eines Menschen sind es nur etwa 310 Haare pro cm². Das Eichhörnchen hat also ein 25-mal dichteres Fell.*

MULTITALENT

Sein langer buschiger Schwanz macht das Eichhörnchen zum besten Baumkletterer im heimischen Tierreich. Bei weiten Sprüngen dient der Schwanz als Steuerruder und sorgt dafür, dass das Eichhörnchen immer auf allen vieren landet. Außerdem stützt er das flinke Tier sicher ab, wenn es auf zwei Beinen steht. Im Sommer spendet der Schwanz Schatten, im Winter hält er schön warm.

SUPERNASE

Im Herbst legt sich das Eichhörnchen einen Futtervorrat für den Winter an. Dafür vergräbt es unzählige Nüsse, Bucheckern, Eicheln und Samen im Boden. Viele davon findet es wieder – auch dann, wenn eine dicke Schneedecke die Suche erschwert. Doch das Eichhörnchen hat eine sehr gute Nase: Es riecht die Nuss nicht nur, sondern kann auch erschnuppern, ob sie noch gut ist.

ZWEITWOHNUNG

Das Eichhörnchen baut in seinem Revier mehrere Kobel. So hat es auf seinen Streifzügen immer eine Unterkunft. Außerdem kann es seine Jungen schnell in ein anderes Nest tragen, wenn ihm das Hauptnest nicht mehr sicher erscheint.

DER LUCHS
Lynx lynx

DER LUCHS

Lynx lynx

STECKBRIEF

Der Luchs in Zahlen
Länge: 80 bis 120 cm (ohne Schwanz)
Schwanz: 15 bis 25 cm
Gewicht: 15 bis 30 kg
Geschwindigkeit: bis 70 km/h
Alter: bis 25 Jahre

Aussehen
Der Luchs ist die größte Katzenart Europas. Besonders auffällig sind seine Pinselohren und der Backenbart. Im Vergleich zu anderen Katzen hat der Luchs einen sehr kurzen Schwanz.

Lebensraum
Vor 50 Jahren war der Luchs in Mitteleuropa ausgerottet. Nachdem er in einigen Gebieten wieder angesiedelt worden ist, kommt er heute in den Alpen und einigen Mittelgebirgen vor. Der Luchs braucht große Waldgebiete mit viel Unterholz.

Verhalten
Der Luchs lebt allein, nur während der Paarungszeit zwischen Februar und April finden Männchen und Weibchen kurz zusammen. Nachdem der Luchs sich am Tag in seinem Versteck ausgeruht hat, geht er am Abend auf die Jagd. Wenn er Junge hat, jagt er auch tagsüber.

Nahrung
Als Fleischfresser erbeutet der Luchs vor allem Rehe und in den Bergen auch Gämsen. Kleinere Tiere stehen jedoch ebenso auf seinem Speiseplan.

Nachwuchs
Im Juni bringt das Weibchen zwei bis fünf Junge in einer Felsnische oder unter einer Baumwurzel zur Welt. Zehn Monate bleiben die Kleinen bei ihrer Mutter, von der sie alles lernen, was sie in der Wildnis wissen müssen. Dann suchen sie sich ein eigenes Revier.

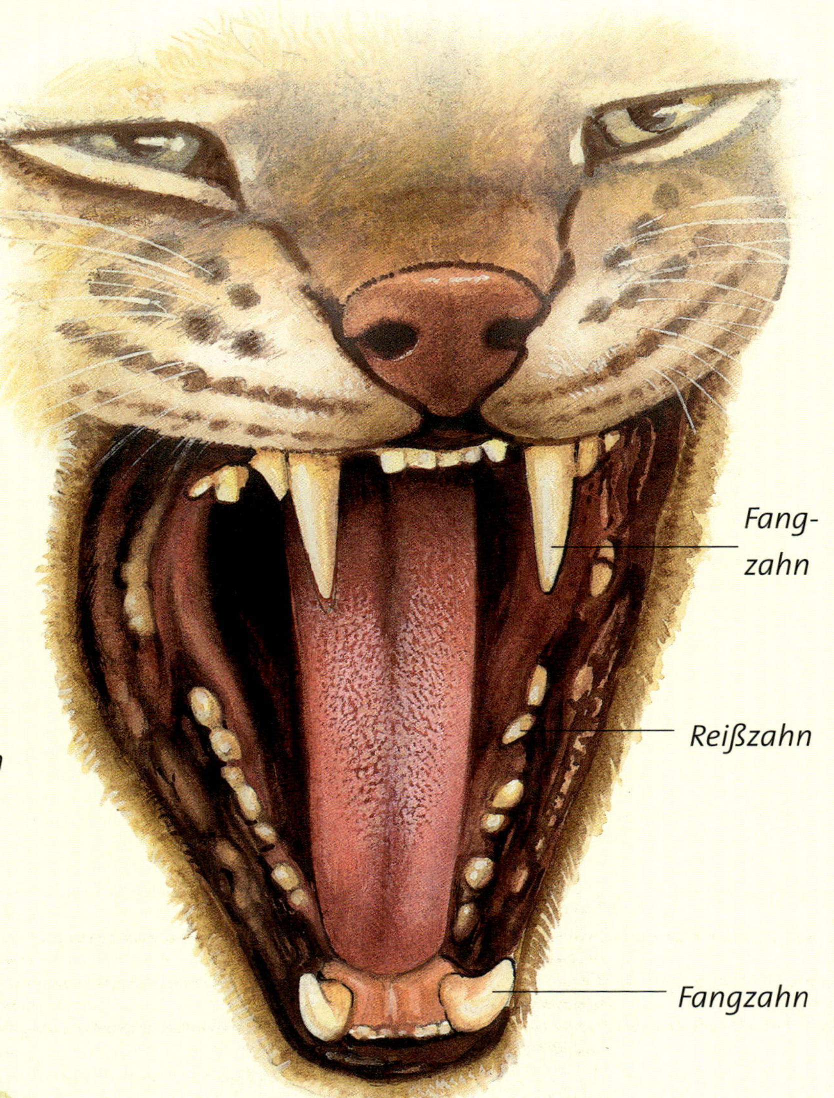

SPITZ

Der Luchs hat ein Raubtiergebiss. Dazu gehören vier lange, dolchartige Eckzähne, die Fangzähne genannt werden. Sie dienen dazu, ein Beutetier zu ergreifen und zu töten. Mit seinen Backenzähnen (Reißzähnen) dagegen schneidet der Luchs Fleischbrocken aus seiner Beute und nagt an Knochen.

LEISE

Der Luchs hat sehr empfindliche Ohren und kann sogar eine Maus hören, die in 50 m Entfernung über den Boden huscht. Die Pinsel an seinen Ohren spielen dabei eine wichtige Rolle. Fehlen diese langen Haare, fällt es dem Luchs schwer, eine Maus zu orten. Auch sein Backenbart soll ihm beim Lauschen nützlich sein.

BREIT

Wenn eine dicke Schneeschicht den Boden bedeckt, kommen viele Tiere nur schwer voran. Dem Luchs dagegen macht der Schnee kaum etwas aus: Seine langen Beine und breiten Füße, die wie Schneeschuhe wirken, verhindern, dass er im Schnee versinkt. So kann der Luchs auch im Winter erfolgreich Beutetiere jagen.

WARM

Mit seinem gefleckten Fell ist der Luchs im Unterholz perfekt getarnt. Außerdem hält es ihn im Winter schön warm. Bis zu 9000 Haare pro cm^2 wachsen dicht an dicht auf seinem Rücken, am Bauch sind es 4600. Weil es so fein und warm ist, war das Fell lange Zeit so begehrt, dass der Luchs unerbittlich gejagt wurde.

SPEZIALWISSEN

Da der Luchs meist nachts und in der Dämmerung unterwegs ist, hat er ***sehr lichtempfindliche Augen****. Sie sind sechsmal lichtempfindlicher als die des Menschen. Während der Mensch im dunklen Wald eine Taschenlampe braucht, um nicht zu stolpern, erkennt der Luchs jeden Stein auf dem Weg.*

DER BRAUNBÄR

Ursus arctos

DER BRAUNBÄR

Ursus arctos

STECKBRIEF

Der Braunbär in Zahlen
Länge: 150 bis 260 cm
Gewicht: 100 bis 350 kg
Geschwindigkeit: bis 50 km/h
Alter: bis 45 Jahre

Aussehen
Das größte Landraubtier Europas hat einen sehr kräftigen Körper mit zotteligem, braunem Fell, kleinen Ohren und einem kurzen Schwanz. Besonders auffällig ist der Buckel im Schulterbereich.

Lebensraum
Der Braunbär kommt vereinzelt in den großen Wäldern Skandinaviens, Spaniens und Italiens vor, außerdem in den Alpen und auf dem Balkan. Mehr Bären leben in Rumänien, Finnland und Russland.

Verhalten
Männchen und Weibchen treffen nur im Sommer, zur Paarungszeit, aufeinander. Sonst wandert das Männchen allein umher, das Weibchen zusammen mit den Jungen.

Nahrung
Der Braunbär frisst vor allem pflanzliche Kost, zum Beispiel Gräser, Kräuter, Wurzeln, Beeren, Obst und Nüsse. Gelegentlich erbeutet er jedoch auch kleine Nagetiere, Fische und geschwächte Huftiere.

Nachwuchs
Im Winter bringt die Braunbärin in einer Höhle zwei bis drei Junge zur Welt. Ein halbes Jahr später beginnen die Kleinen, die Umgebung zu erkunden. Zwei bis drei Jahre bleiben sie bei ihrer Mutter, bevor sie sich ein eigenes Revier suchen.

GEWALTIG

Der Braunbär ist ein sehr starkes Tier. Im Buckel zwischen seinen Schultern setzen die Muskeln für seine kräftigen Vorderbeine an, mit denen er sich erfolgreich gegen andere große Säugetiere zur Wehr setzen kann, etwa gegen einen Hirsch oder Elch. Ein einziger Schlag mit der Vorderpranke auf Kopf oder Nacken genügt, um den Gegner kampfunfähig zu machen.

SCHLÄFRIG

Bevor der Braunbär in einer Erdhöhle Winterruhe hält, frisst er sich im Herbst eine dicke Speckschicht an. Anders als beim Igel oder Siebenschläfer sinkt seine Körpertemperatur während der Winterpause nur geringfügig ab. Bis zum nächsten Frühjahr verliert das mächtige Tier 20 bis 40 % seines Gewichts.

RIESIG

Weil sie besonders groß und kräftig sind, heißen die Tatzen des Braunbären auch Pranken. Die hinteren sind größer als die vorderen. Der Braunbär tritt mit der ganzen Sohle auf. Auf diese Weise sinkt er im Schnee oder Moor nicht so tief ein. Mit seinen langen Krallen kann der Braunbär gut klettern und im Boden nach Wurzeln oder kleinen Nagetieren graben. Einziehen kann er seine Krallen nicht.

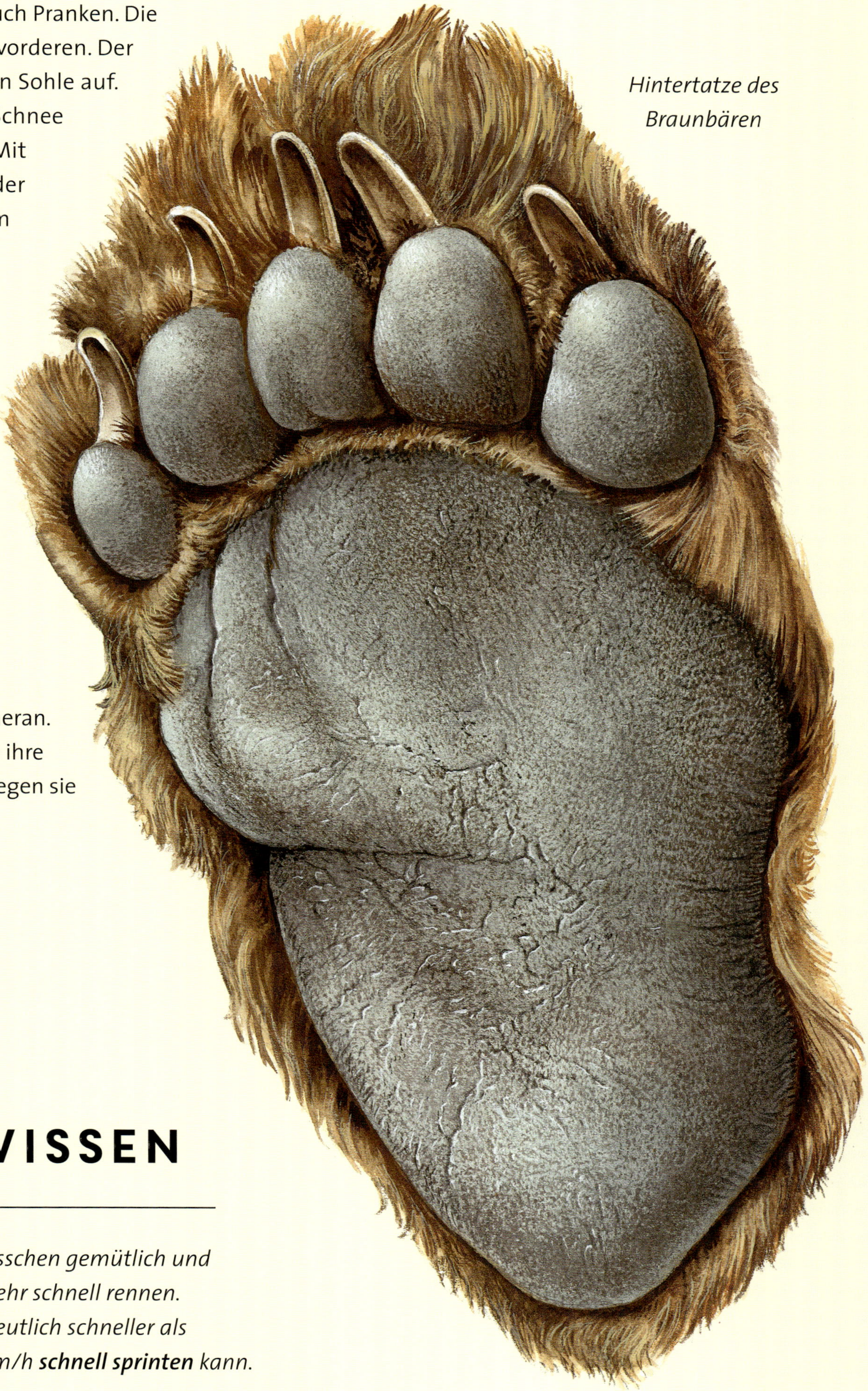

Hintertatze des Braunbären

WINZIG

Trotz seiner gewaltigen Größe bekommt der Braunbär sehr kleine Jungen. Bei ihrer Geburt sind sie nackt und blind und wiegen nur 300 bis 400 g. Doch dank der fettreichen Muttermilch wachsen die Kleinen schnell heran. Nach einem Monat öffnen sie ihre Augen, nach vier Monaten wiegen sie schon bis zu 4 kg.

SPEZIALWISSEN

*Obwohl der Braunbär ein bisschen gemütlich und träge aussieht, kann er sehr schnell rennen. Mit rund **50 km/h** ist er deutlich schneller als der Mensch, der nur 30 bis 40 km/h **schnell sprinten** kann.*

DER EICHELHÄHER

Garrulus glandarius

STECKBRIEF

Der Eichelhäher in Zahlen
Länge: 32 bis 35 cm (mit Schwanz)
Spannweite: 53 cm
Gewicht: 140 bis 170 g
Alter: bis 17 Jahre

Aussehen
Der beige- bis rosafarbene Eichelhäher hat einen schwarzen Bartstreif und ein blau-schwarzes Feld auf jedem Flügel. Wenn der Rabenvogel fliegt, fallen der weiße Bürzel am Ende des Rückens und der schwarze Schwanz sofort auf.

Lebensraum
Wälder, Parks, Friedhöfe und größere Feldgehölze zählen zum Lebensraum des Eichelhähers.

Verhalten
Schon im Februar geht der Eichelhäher auf Partnersuche. Mit der Brut beginnt er jedoch erst, wenn die Bäume viele Blätter haben und gute Versteckmöglichkeiten bieten. Der Eichelhäher bleibt das ganze Jahr über in seinem Revier – es sei denn, er stammt aus dem kälteren Osten oder Norden Europas, dann verbringt er den Winter als Gast bei uns.

Nahrung
In der warmen Jahreszeit frisst der Eichelhäher vorwiegend Insekten und andere kleine Tiere, in der kalten Jahreszeit schmecken ihm Nüsse, Samen und Obst.

Nachwuchs
Das Weibchen legt zwischen vier und sieben helle Eier mit feinen Sprenkeln. Nachdem die Jungen das napfförmige Nest verlassen haben, werden sie noch drei bis vier Wochen weiter von ihren Eltern gefüttert.

SPEZIALWISSEN

Insgesamt versteckt der Eichelhäher pro Jahr ***3000 bis 5000 Eicheln, Nüsse und Bucheckern****. Die meisten davon findet er wieder – eine großartige Leistung! Ein Mensch kann sich kaum 36 Karten mit Bildpaaren merken.*

SCHAUSPIELER

Der Eichelhäher kann Rasenmäher-Geräusche und Klingeltöne genauso gut nachahmen wie die Stimmen anderer Vögel. Wenn ein miauendes „Hijääh!“ durch den Wald schallt, das sich wie der Ruf eines Bussards anhört, könnte es also auch der Eichelhäher sein.

GÄRTNER

In seinem Kehlsack kann der Eichelhäher bis zu zehn Eicheln transportieren. Er frisst sie jedoch nicht sofort auf, sondern vergräbt sie einzeln als Wintervorrat im Waldboden. Die Samen, die er im Winter nicht ausgräbt und frisst, können im Frühling keimen und zu neuen Bäumen heranwachsen.

POLIZIST

Als bekannter Waldpolizist hat der Eichelhäher sein Revier immer im Blick. Droht Gefahr, ruft er sofort laut: „Rätsch!“ So warnt er alle Tiere in seiner Umgebung vor einem nahenden Marder, Habicht, Luchs oder Jäger.

DER ROTHIRSCH

Cervus elaphus

DER ROTHIRSCH

Cervus elaphus

STECKBRIEF

Der Rothirsch in Zahlen
Länge: 170 bis 225 cm (mit Schwanz)
Gewicht: 90 bis 220 kg
Geschwindigkeit: bis 65 km/h
Alter: bis 18 Jahre

Aussehen
Der Rothirsch ist unsere größte Hirschart. Die Männchen sind leicht an ihrem großen, verzweigten Geweih zu erkennen. Zur Brunftzeit (Paarungszeit) wächst ihnen außerdem eine dicke Mähne im Halsbereich.

Lebensraum
Hauptsächlich kommt der Rothirsch in den Mittelgebirgen, im Alpenvorland und in den Alpen vor. Er mag Wälder mit Lichtungen und angrenzenden Freiflächen.

Verhalten
Der Rothirsch lebt mit seinen Artgenossen in einem Rudel. Männchen und Weibchen (Hirschkühe) haben jeweils ein eigenes Rudel. Nur während der Paarungszeit sind die Rudel gemischt. Alte Hirsche leben als Einzelgänger.

Nahrung
Im Sommer frisst der Rothirsch vor allem Gräser, Kräuter und Blätter. Im Winter muss er sich mit Moosen, Flechten, Knospen und dünnen Ästen begnügen.

Nachwuchs
Im Mai oder Juni bringt die Hirschkuh ein Junges auf die Welt. Bereits nach wenigen Stunden kann es stehen und schon am nächsten Tag folgt es seiner Mutter.

RÖHREN

Im September beginnt die Brunftzeit der Rothirsche. Das stärkste Männchen verlässt sein Rudel und sucht ein Rudel von Hirschkühen auf. Um andere Männchen zu vertreiben, röhrt es laut, vor allem in der Dämmerung. Lässt sich ein Rivale nicht beeindrucken, kommt es zum Kampf. Die Rothirsche schlagen ihre Geweihe aneinander und versuchen, sich gegenseitig wegzuschieben.

MARKIEREN

Der Rothirsch kennzeichnet sein Revier mit Gerüchen aus seinen Duftdrüsen. Eine Drüse sitzt direkt am Auge (der dunkle Strich vor dem Auge), eine Drüse liegt an der Schwanzwurzel, also am Ende des Rückens, und eine Drüse befindet sich am Fuß.

SEHEN

Die Augen des Rothirschs liegen seitlich an seinem Kopf. So kann er fast alles sehen, ohne seinen Kopf drehen zu müssen. Sogar in der Dämmerung und auf große Entfernungen kann der Rothirsch sich auf seine Augen verlassen – meistens jedenfalls. Denn unbewegte Dinge erkennt er nur schlecht oder gar nicht, zum Beispiel einen Jäger oder Bären, der ganz still steht. Wenn der Hirsch ihn nicht riechen kann, weil der Wind aus einer ungünstigen Richtung weht, bemerkt er den Feind nicht.

FEGEN

Jedes Jahr im Februar wirft das Männchen sein Geweih ab. Sofort beginnt ein neues zu wachsen. Es ist mit einer samtartigen Haut überzogen, dem Bast, der das Geweih mit Nährstoffen versorgt. Nach 120 bis 130 Tagen ist das neue Geweih ausgewachsen. Der Rothirsch schabt den Bast an Bäumen ab, bis das blanke Horn zum Vorschein kommt. Diesen Vorgang nennt man „fegen".

SPEZIALWISSEN

Während der Mensch nur einen Magen hat, verfügt der Rothirsch – wie alle Wiederkäuer – über ***vier Mägen****. Die sind notwendig, um Gräser und Blätter so gut zu verdauen, dass genug Energie daraus gewonnen werden kann.*

Das Geweih des Rothirsches verliert seinen Bast.

DER DACHS

Meles meles

DER DACHS

Meles meles

STECKBRIEF

Der Dachs in Zahlen
Länge: 64 bis 88 cm (ohne Schwanz)
Schwanz: 11 bis 18 cm
Gewicht: 7 bis 14 kg
Geschwindigkeit: bis 30 km/h
Alter: bis 15 Jahre

Aussehen
Am auffälligsten ist der Kopf: Von den Mundwinkeln aus verläuft jeweils ein schwarzer Streifen durchs Auge bis zum Ohr. Der Rest des Kopfes ist weiß, der Körper silbergrau, nur die Füße und die Brust sind dunkel gefärbt.

Lebensraum
Vor allem in hügeligem Gelände, an Waldrändern, in Feldgehölzen und Heckenlandschaften fühlt sich der Dachs wohl.

Verhalten
Tagsüber lebt der Dachs zusammen mit seiner Großfamilie in einem selbst gegrabenen Bau unter der Erde. Wenn es dunkel wird, geht er auf Nahrungssuche. Männchen und Weibchen bleiben meist ein Leben lang zusammen. Im Winter hält der Dachs Winterruhe.

Nahrung
Hauptnahrung sind Würmer, Insekten und Mäuse. Als Allesfresser sucht der Dachs jedoch auch nach Wurzeln, Früchten, Pilzen oder Eicheln.

Nachwuchs
Im März oder April bekommt das Weibchen zwei bis fünf Junge. Nach sechs bis acht Wochen kriechen die Kleinen zum ersten Mal aus dem Bau. Bis zum nächsten Jahr bleiben sie noch bei ihren Eltern. Dann suchen sie sich eigene Reviere.

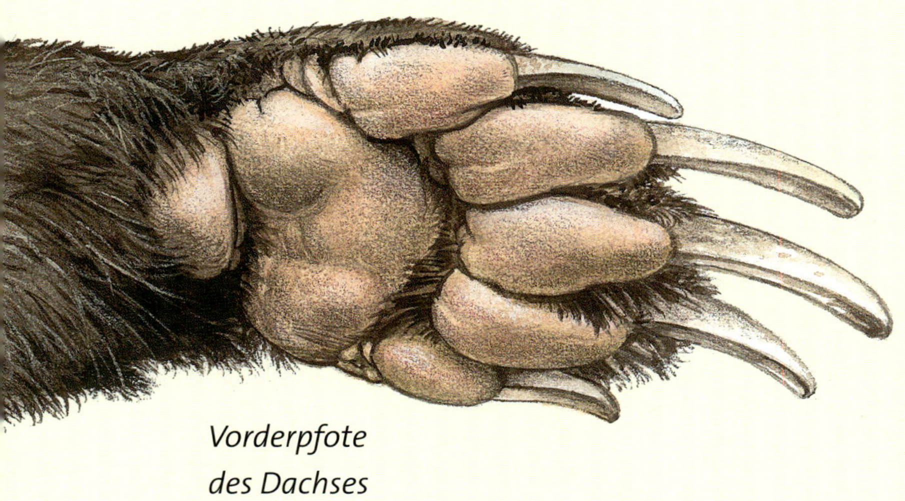

Vorderpfote des Dachses

GEKRÜMMT

Damit der Dachs einen Bau graben und Nahrung aus dem Boden scharren kann, haben seine Vorderpfoten 2 bis 3 cm lange, gekrümmte Krallen. Der Abdruck seiner Vorderpfote sieht dem einer Bärentatze sehr ähnlich, ist aber viel kleiner. Die Krallen der Hinterpfoten sind nur halb so lang, weil der Dachs sie weder zum Graben noch zum Scharren benötigt.

GEBUDDELT

Das Tunnelsystem eines Dachsbaus kann einen Durchmesser von 30 m haben und sich über drei Ebenen erstrecken. Es gibt mehrere, mit Heu ausgepolsterte Schlafkammern und sogar Toiletten, die sich bei den Ein- und Ausgängen befinden. Ein solcher Bau ist jedoch nicht das Werk eines einzigen Dachses. Vielmehr haben Generationen von Dachsen ihn jedes Jahr erweitert. So mancher Dachsbau ist schon mehrere Jahrzehnte alt.

GESCHLOSSEN

Nicht nur sein flacher Körper, seine Grabekrallen und sein robustes Fell sind an das Leben unter der Erde angepasst, sondern auch die kleinen Ohren des Dachses: Damit beim Buddeln keine Erde hineinrieselt, kann der Dachs sie verschließen.

GESCHÜTZT

Der Dachs hat ein sehr dichtes Fell. Über der feinen, wärmenden Unterwolle liegt eine dichte Schicht aus robustem Deckhaar. Die schützt den Dachs sowohl vor Verletzungen, die er sich beim Graben zuziehen kann, als auch vor Wespenstichen: Das Haar ist so dicht, dass der Dachs ein Wespennest ausgraben und die Larven herausholen kann, ohne gestochen zu werden.

SPEZIALWISSEN

Weil der Dachs sich meist nur langsam bewegt, verbraucht er im Vergleich zu anderen Tieren relativ ***wenig Energie****. Der etwa gleich große Fischotter zum Beispiel frisst täglich 1000 g Nahrung, während der Dachs nur 500 g zu sich nimmt. Und der Fuchs, der in der Regel deutlich weniger wiegt als der Dachs, braucht genauso viel Nahrung.*

Der Dachs setzt die Hinterpfoten in die Abdrücke der Vorderpfoten.

DIE GELBHALSMAUS

Apodemus flavicollis

STECKBRIEF

Die Gelbhalsmaus in Zahlen
Länge: 6,5 bis 12 cm (ohne Schwanz)
Schwanz: 6,5 bis 12 cm
Gewicht: 26 bis 36 g
Geschwindigkeit: bis 12 km/h
Alter: bis 2 Jahre

Aussehen
Als Erstes fallen die großen Ohren und die schwarzen Augen der Gelbhalsmaus auf. Das Fell ist auf der Oberseite rötlichbraun, in der Mitte etwas dunkler. Die Unterseite ist weiß, nur auf der Brust hat die Gelbhalsmaus ein gelbliches bis bräunliches Band.

Lebensraum
Die Gelbhalsmaus ist vor allem in Laub- und Mischwäldern zu finden. Sie kommt aber auch in abwechslungsreichen Gebieten mit Waldrändern, Hecken, Feldgehölzen und Wiesen vor. Im Herbst sucht sie manchmal Schutz in Häusern.

Verhalten
Die Gelbhalsmaus ist ein Einzelgänger und lebt vor allem in den Bäumen. Sie kann sehr schnell rennen, weit springen und geschickt klettern. Ihr Nest baut die Gelbhalsmaus meist in Erdlöchern, manchmal auch in Baumhöhlen. Wenn es dunkel wird, geht sie auf Nahrungssuche.

Nahrung
Hauptsächlich frisst die Gelbhalsmaus Samen, Früchte, Pilze und Beeren, aber auch kleine Insekten. Im Herbst legt sie in ihrem Bau einen Wintervorrat aus Nüssen, Eicheln und Bucheckern an.

Nachwuchs
Von Februar bis September bringt das Weibchen zwei- bis dreimal jeweils fünf bis sieben Junge zur Welt. Schon im Alter von zwei bis drei Monaten können die jungen Gelbhalsmäuse selbst Nachwuchs bekommen.

SPEZIALWISSEN

*Mit ihren großen Hinterfüßen kann die Gelbhalsmaus bis zu **80 cm weit springen**. Das ist sieben- bis achtmal so weit, wie ihr Körper lang ist. Ein Mensch müsste demnach 12 bis 14 m weit springen.*

KLAMMERÄFFCHEN

Der Schwanz der Gelbhalsmaus ist genauso lang wie ihr Körper. Er unterstützt sie beim Klettern und Springen. Manchmal nutzt die Gelbhalsmaus ihn auch als dritte Hand und hält sich mit ihm an kleinen Ästen fest.

MEISTERNAGER

Die kleine, nachtaktive Gelbhalsmaus bekommt man nur selten zu Gesicht, dafür findet man häufig ihre Fraßspuren auf dem Waldboden: säuberlich abgenagte Fichtenzapfen oder Nüsse mit einem großen Loch. Allerdings können hier auch andere Mäuse am Werk gewesen sein.

ENERGIESPARER

Die Gelbhalsmaus hält in ihrem Nest Winterruhe: Sie schläft sehr viel und frisst zwischendurch etwas von ihren Vorräten. Wenn es besonders kalt wird, fällt sie – wie viele andere kleine Säugetiere – vorübergehend in eine Kältestarre. In diesem Zustand verbraucht sie noch weniger Energie. Dennoch sterben acht von zehn Gelbhalsmäusen, bevor es wieder Frühling wird.

DAS WILDSCHWEIN
Sus scrofa

DAS WILDSCHWEIN

Sus scrofa

STECKBRIEF

Das Wildschwein in Zahlen
Länge: 165 bis 175 cm (mit Schwanz)
Gewicht: 100 bis 200 kg
Geschwindigkeit: bis 50 km/h
Alter: bis 20 Jahre

Aussehen
Der große, dreieckige Kopf geht fast halslos in den rechteckigen Körper über. Dagegen wirken die Beine recht kurz und dünn. Das borstige Fell schützt vor Dornen. Aus der rüsselförmigen Schnauze ragen die Eckzähne (Hauer) des Männchens (Keilers) heraus.

Lebensraum
Das Wildschwein stellt keine hohen Ansprüche an seinen Lebensraum. Wichtig ist nur, dass es genug Futter und Verstecke findet. Einige Wildschweine fühlen sich sogar in der Stadt wohl.

Verhalten
Während der Keiler meist allein umherzieht, lebt die Bache, das Weibchen, mit ihren Jungen, den Frischlingen, zusammen. Eine solche Wildschweinfamilie heißt Rotte. Besonders große Rotten bestehen aus mehreren Familien.

Nahrung
Das Wildschwein mag am liebsten Wurzeln, Eicheln, Kastanien, Bucheckern, Pilze und Feldfrüchte. Außerdem gräbt es gern nach Würmern, Schnecken und Mäusen und frisst auch tote Tiere, die es findet.

Nachwuchs
Im dichten Gebüsch bringt die Bache im Frühling vier bis acht gestreifte Frischlinge zur Welt. Im Alter von etwa drei Monaten verschwinden die Streifen, aber erst mit etwa zehn Monaten erhalten die jungen Wildschweine das gleiche Fell wie ihre Eltern.

SPEZIALWISSEN

Das Schwein hat mehr Riechzellen in der Nase als alle anderen Säugetiere. ***Die Riechfläche ist 150 cm² groß,*** *beim Menschen nur 5 cm². Daher wurden Schweine früher für die Trüffelsuche eingesetzt. Trüffeln sind besonders teure Pilze, die unter der Erde wachsen.*

PRAKTISCH 1

Wenn es im Sommer sehr heiß ist, wälzt sich das Wildschwein gern in einer Schlammpfütze, es suhlt sich. Auf diese Weise kühlt es seinen Körper, denn es kann nicht schwitzen. Doch das Bad im Schlamm hat noch einen zweiten Zweck: Das Wildschwein wird lästige Parasiten, zum Beispiel Flöhe und Zecken, los. Das gelingt besonders gut, wenn es seinen Körper anschließend an einem Baum scheuert (siehe „Praktisch 2“).

PRAKTISCH 2

Weil das Wildschwein nicht sehr gelenkig ist, kann es sich nicht selbst kratzen. Deshalb reibt es seinen Körper an einem Baum mit grober Rinde – meist im Anschluss an ein ausgiebiges Schlammbad. Viele Wildschweine haben Lieblingsbäume, die sie immer wieder aufsuchen. Diese Bäume werden Malbäume genannt.

PRAKTISCH 3

Der Rüssel ist Sinnesorgan und Werkzeug zugleich: Mit seiner Hilfe erkennt das Wildschwein Familienmitglieder am Geruch. Außerdem spürt es mit seinem Rüssel Nahrung unter der Erde auf, etwa Wurzelknollen, Pilze und Würmer. Um an die erschnupperten Leckerbissen zu gelangen, nutzt das Wildschwein seinen robusten Rüssel zum Graben und Wühlen.

PRAKTISCH 4

Die Hauer des Keilers wachsen ein Leben lang und werden beim Fressen ständig abgeschliffen. Das hat zwei Vorteile: Erstens werden sie nicht zu lang. Zweitens bleiben sie scharf, damit das Wildschwein erfolgreich gegen Feinde und Rivalen kämpfen kann. Die Eckzähne der Bache stellen ihr Wachstum nach drei bis vier Jahren ein.

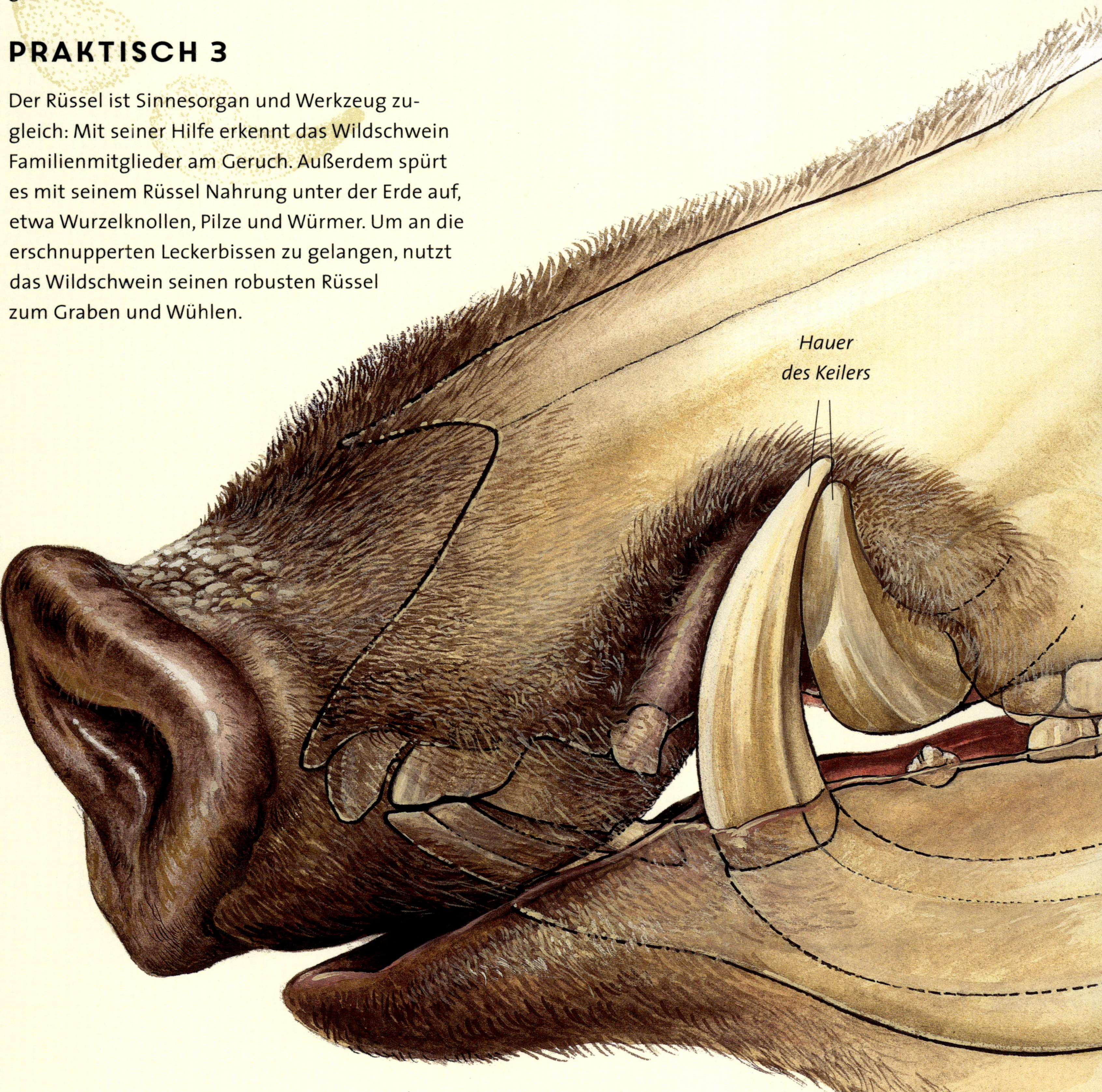

DER WOLF
Canis lupus

DER WOLF

Canis lupus

Nase des Wolfs

RIECHEN

Das wichtigste Sinnesorgan des Wolfs ist seine Nase. Der Wolf kann viel besser riechen als ein Mensch, weil er bis zu 1000-mal mehr Riechzellen hat. So nimmt seine Nase mögliche Beutetiere sogar in 2 bis 3 km Entfernung wahr. Außerdem kann der Wolf riechen, ob seine Beute krank, verletzt, ein Männchen oder Weibchen ist. Auch seine Rudelmitglieder erkennt der Wolf am Geruch.

STECKBRIEF

Der Wolf in Zahlen
Länge: 140 bis 170 cm (mit Schwanz)
Gewicht: 30 bis 45 kg
Geschwindigkeit: bis 60 km/h
Alter: bis 13 Jahre

Aussehen
Der Wolf ist recht schlank und hat ein braungraues Fell. Im Vergleich zu vielen Hunden sind Kopf und Schnauze sehr lang. Die kurzen, stark behaarten Ohren stehen immer aufrecht. Der Schwanz hängt gerade herunter.

Lebensraum
Wälder, Waldränder und offene, buschreiche Heide- oder Moorgebiete zählen zu den bevorzugten Lebensräumen des Wolfs. In Deutschland kommt er vor allem im Norden und Osten vor.

Verhalten
Der Wolf lebt in einem Rudel aus 5 bis 12 Tieren. Dazu zählen die Eltern mit ihren Jungen, aber auch junge Wölfe aus den Vorjahren, bis sie geschlechtsreif sind. Das Rudel hat eine feste Rangordnung.

Nahrung
Der Wolf ist ein reiner Fleischfresser. Er jagt Tiere von der Maus bis zum Hirsch.

Nachwuchs
Im Frühjahr werden vier bis sechs Junge im Wolfsbau geboren. Nach ungefähr 20 Tagen werfen sie einen ersten Blick aus ihrer Höhle. Die ersten Monate bleiben sie noch im Rudel, spätestens nach drei Jahren jedoch haben die meisten ihr Rudel verlassen und eigene Familien gegründet.

FRESSEN

Wann er das nächste Mal ein Beutetier fangen wird, weiß der Wolf nicht. Nach einer erfolgreichen Jagd versucht er daher, möglichst viel auf einmal zu fressen – teilweise bis zu 20 % seines Körpergewichts, bei einem großen Wolf also 10 kg Fleisch auf einmal. Die Fleischbrocken werden nicht gekaut, sondern ganz hinuntergeschlungen.

SCHWITZEN?

Wird es dem Wolf zu warm, fängt er an zu hecheln, um über den Mund und die heraushängende Zunge überschüssige Wärme abzugeben. Seine einzigen Schweißdrüsen sitzen an den Füßen, die daher an heißen Tagen feucht werden – wie bei Hunden, die auf Fliesenböden Fußabdrücke hinterlassen.

RENNEN

Der Wolf ist ein unglaublich guter Dauerläufer. Wenn er sein Revier durchstreift oder auf der Jagd ist, schafft er an einem einzigen Tag 60 km. Durchschnittlich legt er täglich 22 bis 27 km zurück. Doch der Wolf kann nicht nur ausdauernd, sondern mit 60 km/h auch sehr schnell laufen.

SPEZIALWISSEN

Der Wolf kann Töne hören, die etwa doppelt so hoch sind wie die, die das menschliche Ohr wahrnehmen kann.
Mensch: 20 000 Hertz
Wolf: 42 000 Hertz
So kann ein Wolf hören, wo genau im Boden eine Maus piepst.

HEULEN

Wenn der Wolf heult, versucht er, sich mit seinen Artgenossen über weite Strecken hinweg zu verständigen. Je nach Wetterlage können sich die Tiere über 6 km weit hören. Jedes Rudelmitglied hat eine andere Stimme, die seine Artgenossen genau kennen. Wenn alle Wölfe eines Rudels zusammen heulen, stärken sie ihre Gemeinschaft. Außerdem markieren sie so ihr Revier. Den Mond heulen Wölfe übrigens nicht an.

DER WALDKAUZ

Strix aluco

SPEZIALWISSEN

*Der Waldkauz hat **14 Halswirbel** und nicht nur sieben wie der Mensch. Damit kann er seinen Hals um **270 Grad** nach hinten drehen. Der Mensch schafft nur ungefähr 90 Grad. Diese Fähigkeit ist sehr wichtig, weil die Augen des Waldkauzes nicht beweglich sind, sie können nur starr nach vorn blicken.*

STECKBRIEF

Der Waldkauz in Zahlen
Länge: 39 bis 42 cm (mit Schwanz)
Spannweite: 94 bis 104 cm
Gewicht: 400 bis 600 g
Alter: bis 21 Jahre

Aussehen
Der Waldkauz ist eine mittelgroße Eule mit einem großen runden Kopf, schwarzen Augen und einem gelben hakenförmigen Schnabel. Das Gefieder ist meist braun mit schwarzen Flecken, seltener sind Vögel mit grauer Grundfärbung.

Lebensraum
Da der Waldkauz sehr anpassungsfähig ist, kommt er in unterschiedlichsten Lebensräumen vor: in Wäldern, Parks und Friedhöfen.

Verhalten
Ein Waldkauzpaar bleibt ein Leben lang zusammen und lebt in einem festen Revier. Das Männchen ruft „Huh-Huhuhu-Huuuh!", das Weibchen „Kuwitt!".

Nahrung
Hauptnahrung des Waldkauzes sind zwar Mäuse, aber die kräftige Eule erbeutet auch alles, was kleiner ist als sie selbst – vom Kaninchen bis zum Frosch. In einigen Gebieten fängt der Waldkauz auch Vögel.

Nachwuchs
Der Waldkauz brütet in einer Baumhöhle, in die das Weibchen zwei bis vier Eier legt. Im Alter von vier bis fünf Wochen verlassen die Jungen das Nest und bleiben als Ästlinge auf einem Ast in der Nähe sitzen. Dort werden sie weiter von ihren Eltern versorgt, bevor sie im Herbst aus dem Revier vertrieben werden.

AUGEN

Die Augen des Waldkauzes sind so groß, dass sie etwa ein Drittel seines Kopfes einnehmen. Das menschliche Auge müsste demnach so groß wie ein Apfel sein. Die großen Augen des Waldkauzes können auch nachts, wenn der Vogel auf die Jagd geht, noch viel erkennen. Denn auch das spärlichste Licht kann von ihnen eingefangen werden.

FEDERN

Die Flügelfedern haben einen weichen Flaum auf der Oberseite und einen kammförmigen Rand. So kann der Waldkauz lautlos fliegen, um unbemerkt Beute zu ergreifen. Auch die Federn im Gesicht haben eine bestimmte Aufgabe: Sie wirken wie ein Trichter, der Geräusche bündelt und direkt zu den Ohröffnungen leitet.

Feder mit kammförmigem Rand

Igel
Reh
Eichhörnchen
Waldkauz
Waschbär
Fuchs
Mensch
Gelbhalsmaus
Rothirsch
Buntspecht
Luchs

GRÖSSENVERGLEICH

Der Mensch und die Tiere des Waldes

HOLGER HAAG,

schon als Kind ein großer Naturfreund, leistete nach dem Abitur Zivildienst im Nationalpark Schleswig-Holsteinisches Wattenmeer und studierte anschließend Biologie in Göttingen. Nach Stationen in der Umweltakademie Stuttgart und dem Naturkundemuseum Stuttgart begeistert der Vater von drei Töchtern heute vor allem Kinder für die heimische Tier- und Pflanzenwelt – sowohl bei seiner Arbeit in einer Betreuungseinrichtung für Schulkinder als auch beim Schreiben zahlreicher Bücher für junge Naturforscherinnen und Naturforscher.

MANFRED ROHRBECK

arbeitete als Theatermaler in Magdeburg, bevor er sein Studium an der Kunsthochschule Burg Giebichenstein in Halle/Saale aufnahm. Schon bald entstanden Abbildungen von steinzeitlichen Funden für ein Museum und erste Buchillustrationen. Jungen Leserinnen und Lesern Tiere und Natur, Technik und Geschichte in detailgetreuen Bildern nahezubringen, das ist dem Vater von vier Kindern immer wichtig gewesen. Seine Illustrationen sind in zahlreichen Büchern und auf Adventskalendern erschienen. Die Bilder für „Lebensgroß“ wurden in Öl gemalt.

10 9 8 7 6   28 27 26 25 24
ISBN 978-3-649-63068-5

Hafenweg 30, 48155 Münster, Germany
CH: Baumgartner Bücher AG,
Centralweg 16, 8910 Affoltern a. A.

Text: Dipl.-Biologe Holger Haag
Illustrationen: Manfred Rohrbeck
Layout und Satz: Anne Sent
Redaktion: Susanne Tommes
Printed in Italy

www.coppenrath.de

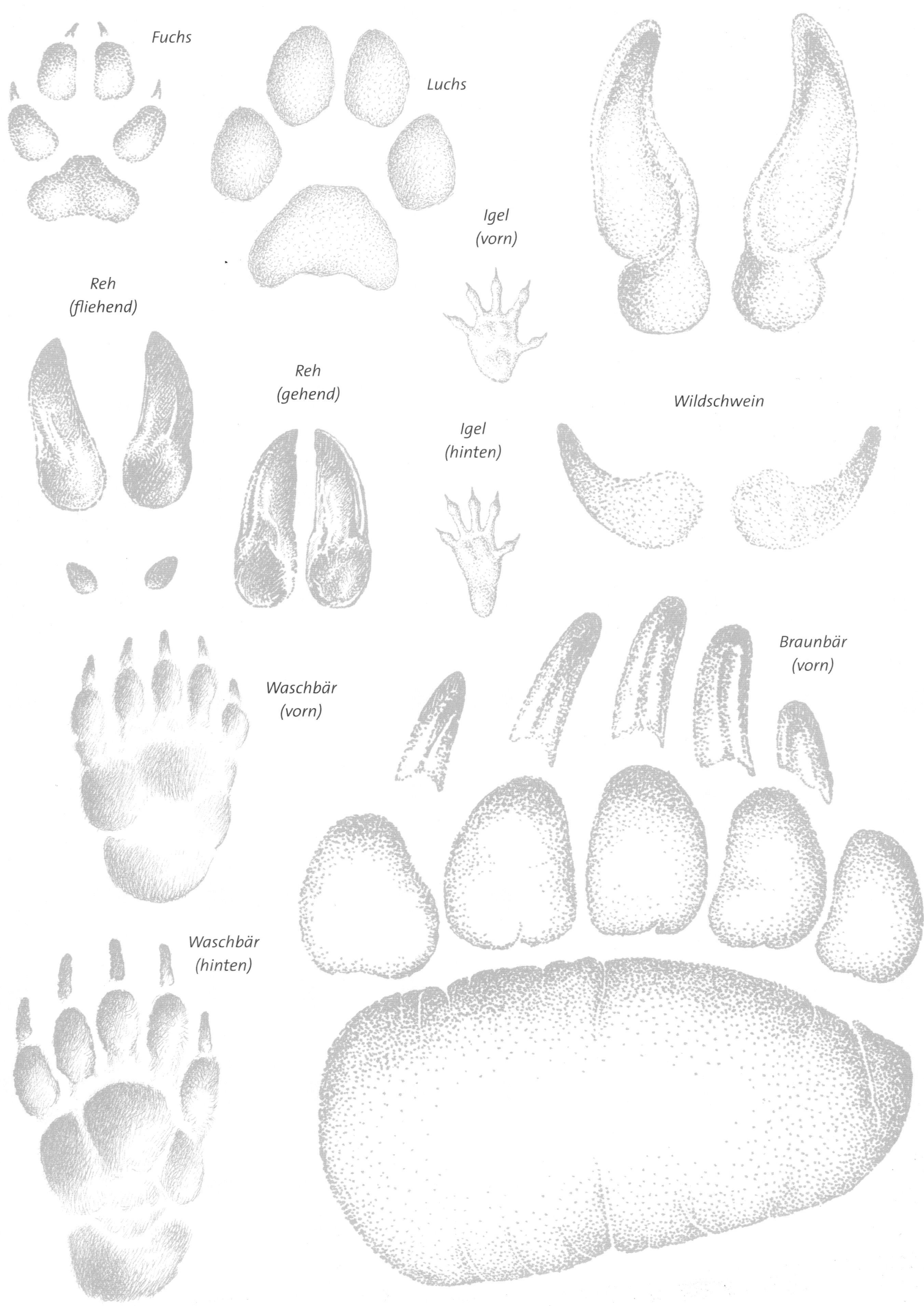
Fuchs
Luchs
Igel
(vorn)
Reh
(fliehend)
Reh
(gehend)
Wildschwein
Igel
(hinten)
Waschbär
(vorn)
Braunbär
(vorn)
Waschbär
(hinten)